Okusi Mediterana 2023

Okusne in zdrave jedi za vsakogar

Marija Novak

Kazalo

Sredozemski pita zajtrk ... 7
Humus vražja jajca ... 9
Ajdov jabolčno-rozin mafin ... 11
Muffin iz bučnih otrobov ... 13
Ajdove palačinke s pinjencem ... 15
Francoski toast z mandlji in breskvinim kompotom ... 16
Ovseni kosmiči iz mešanega jagodičja s sladko vanilijevo kremo ... 18
Čoko-jagodni krep ... 20
Quiche s šparglji in šunko brez skorje ... 22
Jabolčni sirni kolački ... 24
Slanina in jajčni zavitek ... 26
Pomarančno-borovničev mafin ... 28
14. Pečeni ingverjevi ovseni kosmiči s hruškovim prelivom ... 29
Zelenjavna omleta v grškem slogu ... 30
Poletni smoothie ... 32
Pitas s šunko in jajcem ... 33
Zajtrk Kuskus ... 35
Breskova solata za zajtrk ... 37
Okusen oves ... 38
Tahini in jabolčni toast ... 39
Umešana bazilika ... 40
Grški krompir in jajca ... 41
Smoothie z avokadom in medom ... 43
Zelenjavna fritaja ... 44

Mini solatni zavitki 46

Curry jabolčni kuskus 47

Jagnjetina in zelenjavna pita 48

Zeliščna iverka 50

Cvetačna kvinoja 51

Smoothie z mangovo hruško 52

Špinačna omleta 53

Mandljeve palačinke 55

Sadna solata iz kvinoje 57

Smuti z jagodno rabarbaro 58

Ječmen rdeč 59

Smoothie iz medenjakov in buč 60

Zeleni sok 62

Smoothie z orehi in datlji 63

Sadni smoothie 64

Čokoladno bananin smoothie 65

Jogurt z borovnicami, medom in meto 66

Parfe z jagodami in jogurtom 67

Ovsena kaša z jagodami in sončničnimi semeni 68

Mandljev in javorjev hitri zdrob 69

Banana oves 71

Sendviči za zajtrk 72

Jutranji kuskus 74

Avokadov in jabolčni smoothie 76

Mini fritaje 77

Na soncu sušeni paradižniki Ovseni kosmiči 79

Jajca za zajtrk na avokadu 80

Brekky Egg - krompirjev hašiš 81
Juha iz bazilike in paradižnika 83
Humus iz maslene buče 85
Mafini s šunko 86
Farro solata 87
Brusnice in kvadratki datljev 88
Fritata iz leče in čedarja 89
Sendvič s tuno 91
Solata s piro 92
Solata iz čičerike in bučk 94
Provansalska solata iz artičok 96
bolgarska solata 98
Falafel solatna skleda 100
Enostavna grška solata 102
Solata rukola s figami in orehi 104
Cvetačna solata s tahinijevim vinaigrette 106
Mediteranska krompirjeva solata 108
Solata iz kvinoje in pistacije 110
Kumarična piščančja solata s pikantnim arašidovim prelivom 112
Nemška vroča krompirjeva solata 113

Sredozemski pita zajtrk

Čas priprave: 22 minut

Čas kuhanja: 3 minute

Porcije: 2

Težavnost: enostavno

Sestavine:

- 1/4 skodelice sladke rdeče paprike
- 1/4 skodelice sesekljane čebule
- 1 skodelica jajčnega nadomestka
- 1/8 čajne žličke soli
- 1/8 žličke popra
- 1 majhen narezan paradižnik
- 1/2 skodelice sveže narezane mlade špinače
- 1-1/2 čajne žličke sesekljane sveže bazilike
- 2 pita kruha cele velikosti
- 2 žlici zdrobljenega feta sira

navodila:

Majhno ponev proti prijemanju premažite s pršilom za kuhanje. Čebulo in rdečo papriko 3 minute mešajte na zmernem ognju. Dodajte jajčni nadomestek ter začinite s soljo in poprom. Mešamo kuhamo dokler se ne strdi. Zmešamo ožeto špinačo, sesekljan paradižnik in sesekljano baziliko. Prelijemo po pitah. Zelenjavno mešanico prelijte z jajčno mešanico. Prelijte z nadrobljenim feta sirom in takoj postrezite.

Hranilna vrednost (za 100 g):267 kalorij 3 g maščobe 41 g ogljikovih hidratov 20 g beljakovin 643 mg natrija

Humus vražja jajca

Čas priprave: 10 minut
Čas kuhanja: 0 minut
Porcije: 6
Težavnost: enostavno

Sestavine:

- 1/4 skodelice drobno narezane kumare
- 1/4 skodelice drobno sesekljanega paradižnika
- 2 žlički svežega limoninega soka
- 1/8 čajne žličke soli
- 6 trdo kuhanih olupljenih jajc, prerezanih po dolžini na pol
- 1/3 skodelice praženega česnovega humusa ali katerega koli okusa humusa
- Sveže sesekljan peteršilj (neobvezno)

navodila:

Zmešajte paradižnik, limonin sok, kumare in sol ter nežno premešajte. Iz razpolovljenih jajc postrgamo rumenjake in jih shranimo za kasnejšo uporabo. V vsako jajčno polovico vlijemo zvrhano žličko humusa. Po vrhu potresemo s peteršiljem in pol žličke mešanice paradižnika in kumar. Postrezite takoj

Hranilna vrednost (za 100 g): 40 kalorij 1 g maščobe 3 g ogljikovih hidratov 4 g

Umešana jajca z dimljenim lososom

Čas priprave: 2 minuti

Čas kuhanja: 8 minut

Porcije: 4

Zahtevnost: Srednja

Sestavine:

- 16 unč jajčni nadomestek, brez holesterola
- 1/8 žličke črnega popra
- 2 žlici narezane zelene čebule, pri čemer ohranite vrhove
- 1 unča ohlajenega kremnega sira z nizko vsebnostjo maščob, narezanega na 1/4-palčne kocke
- 2 unči dimljenega lososa v kosmičih

navodila:

Ohlajen kremni sir narežite na ¼-palčne kocke in odstavite. V veliki skledi stepemo jajčni nadomestek in poper. Ponev s premazom proti prijemanju na srednjem ognju premažite s pršilom za kuhanje. Vmešajte jajčni nadomestek in kuhajte 5 do 7 minut oziroma dokler se ne strdi, občasno premešajte in strgajte po dnu posode.

Dodajte kremni sir, zeleno čebulo in lososa. Nadaljujte s kuhanjem in mešajte še 3 minute ali samo toliko časa, da so jajca še vlažna, vendar kuhana.

Hranilna vrednost (za 100 g): 100 kalorij 3 g maščobe 2 g ogljikovih hidratov 15 g beljakovin 772 mg natrija

Ajdov jabolčno-rozin mafin

Čas priprave: 24 minut
Čas kuhanja: 20 minut
Porcije: 12
Zahtevnost: Srednja

Sestavine:

- 1 skodelica večnamenske moke
- 3/4 skodelice ajdove moke
- 2 žlici rjavega sladkorja
- 1 1/2 žličke pecilnega praška
- 1/4 čajne žličke pecilnega praška
- 3/4 skodelice pinjenca z nizko vsebnostjo maščob
- 2 žlici olivnega olja
- 1 veliko jajce
- 1 skodelica olupljenih svežih jabolk, narezanih na kocke
- 1/4 skodelice zlatih rozin

navodila:

Pečico pripravite na 375 stopinj F. Pekač za mafine z 12 skodelicami obložite s pršilom za kuhanje proti prijemanju ali papirnatimi skodelicami. Dati na stran. Vse suhe sestavine zmešajte v posodi za mešanje. Dati na stran.

Tekoče sestavine zmešajte skupaj do gladkega. Tekočo mešanico prelijte čez mešanico moke in mešajte, dokler se ne navlaži. Jabolka in rozine narežemo na kocke. Vsako skodelico za mafine napolnite približno 2/3 z mešanico. Pečemo do zlato rjave barve. Uporabite test z zobotrebcem. Postrezite.

Hranilna vrednost (za 100 g): 117 kalorij 1 g maščobe 19 g ogljikovih hidratov 3 g beljakovin 683 mg natrija

Muffin iz bučnih otrobov

Čas priprave: 20 minut
Čas kuhanja: 20 minut
Porcije: 22
Zahtevnost: Srednja

Sestavine:

- 3/4 skodelice večnamenske moke
- 3/4 skodelice polnozrnate pšenične moke
- 2 žlici sladkorja
- 1 žlica pecilnega praška
- 1/8 čajne žličke soli
- 1 žlička začimbe za bučno pito
- 2 skodelici 100% žitnih otrobov
- 1 1/2 skodelice posnetega mleka
- 2 beljaka
- 15 unč x 1 pločevinka buče
- 2 žlici avokadovega olja

navodila:

Pečico segrejte na 400 stopinj Fahrenheita. Pripravite pekač za mafine, ki zadostuje za 22 mafinov, in ga premažite s pršilom za kuhanje proti prijemanju. Prve štiri sestavine mešajte, dokler se ne združijo. Dati na stran.

Z veliko posodo za mešanje zmešajte mleko in žitne otrobe ter pustite stati 2 minuti ali dokler se žita ne zmehčajo. Mešanici otrobov dodamo olje, beljake in bučo ter dobro premešamo. Dodamo mešanico moke in dobro premešamo.

Testo v pekaču za mafine razdelite na enake dele. Pečemo 20 minut. Mafine vzamemo iz pekača in postrežemo tople ali ohlajene.

Hranilna vrednost (za 100 g): 70 kalorij 3 g maščobe 14 g ogljikovih hidratov 3 g beljakovin 484 mg natrija

Ajdove palačinke s pinjencem

Čas priprave: 2 minuti

Čas kuhanja: 18 minut

Porcije: 9

Težavnost: enostavno

Sestavine:

- 1/2 skodelice ajdove moke
- 1/2 skodelice večnamenske moke
- 2 žlički pecilnega praška
- 1 čajna žlička rjavega sladkorja
- 2 žlici olivnega olja
- 2 veliki jajci
- 1 skodelica pinjenca z nizko vsebnostjo maščob

navodila:

Prve štiri sestavine dajte v skledo. Dodajte olje, pinjenec in jajce ter mešajte, dokler se dobro ne poveže. Rešetko postavite na zmeren ogenj in poškropite s pršilom za kuhanje proti prijemanju. Nalijte ¼ skodelice testa na ponev in pecite 1-2 minuti na vsaki strani ali dokler ne postane zlato rjave barve. Postrezite takoj.

Hranilna vrednost (za 100 g): 108 kalorij 3 g maščobe 12 g ogljikovih hidratov 4 g beljakovin 556 mg natrija

Francoski toast z mandlji in breskvinim kompotom

Čas priprave: 10 minut
Čas kuhanja: 15 minut
Porcije: 4
Težavnost: enostavno

Sestavine:

- Kompot:
- 3 žlice nadomestka sladkorja na osnovi sukraloze
- 1/3 skodelice + 2 žlici vode, razdeljeno
- 1 1/2 skodelice svežih olupljenih ali zamrznjenih, odmrznjenih in odcejenih breskev, narezanih
- 2 žlici breskovega sadnega namaza, brez dodanega sladkorja
- 1/4 čajne žličke mletega cimeta
- Mandljev francoski toast
- 1/4 skodelice (posnetega) nemastnega mleka
- 3 žlice nadomestka sladkorja na osnovi sukraloze
- 2 cela jajca
- 2 beljaka
- 1/2 žličke mandljevega ekstrakta
- 1/8 čajne žličke soli
- 4 rezine večzrnatega kruha
- 1/3 skodelice narezanih mandljev

navodila:

Za pripravo kompota raztopite 3 žlice sukraloze v 1/3 skodelice vode v srednje veliki ponvi na visokem srednjem ognju. Vmešajte breskve in jih zavrite. Zmanjšajte ogenj na srednjo temperaturo in nadaljujte s kuhanjem brez pokrova še 5 minut ali dokler se breskve ne zmehčajo.

Zmešajte preostalo vodo in sadni namaz, nato pa vmešajte v breskve v ponvi. Kuhamo še minuto oziroma dokler se sirup ne zgosti. Odstavite z ognja in dodajte cimet. Pokrijte, da ostane toplo.

Priprava francoskega toasta. Zmešajte mleko in sukralozo v veliki, plitvi skledi in mešajte, dokler se popolnoma ne raztopita. Stepite beljake, jajca, mandljev ekstrakt in sol.V jajčno zmes za 3 minute potopite obe strani rezin kruha ali dokler niso popolnoma prepojene. Obe strani potresemo z naribanimi mandlji in močno pritisnemo, da se prime.

Ponev proti prijemanju poškropite s pršilom za kuhanje in postavite na srednje močan ogenj. Kruhove rezine na pekaču cvremo 2 do 3 minute na obeh straneh oziroma do svetlo rjave barve. Postrežemo prelito z breskovim kompotom.

Hranilna vrednost (za 100 g): 277 kalorij 7 g maščobe 31 g ogljikovih hidratov 12 g beljakovin 665 mg natrija

Ovseni kosmiči iz mešanega jagodičja s sladko vanilijevo kremo

Čas priprave: 5 minut
Čas kuhanja: 5 minut
Porcije: 4
Težavnost: enostavno

Sestavine:

- 2 skodelici vode
- 1 skodelica hitro kuhanega ovsa
- 1 žlica nadomestka sladkorja na osnovi sukraloze
- 1/2 čajne žličke mletega cimeta
- 1/8 čajne žličke soli
- <u>Krema</u>
- 3/4 skodelice pol-pol brez maščobe
- 3 žlice nadomestka sladkorja na osnovi sukraloze
- 1/2 žličke vanilijevega ekstrakta
- 1/2 žličke mandljevega ekstrakta
- <u>Prelivi</u>
- 1 1/2 skodelice svežih borovnic
- 1/2 skodelice svežih ali zamrznjenih in odmrznjenih malin

navodila:

Na močnem ognju zavrite vodo in vanjo vmešajte ovsene kosmiče. Zmanjšajte toploto na srednjo temperaturo, medtem ko oves kuhate nepokrito 2 minuti ali dokler ni gost. Odstranite z ognja in vmešajte sladkorni nadomestek, sol in cimet.V srednje veliki skledi dodajte vse sestavine za smetano, dokler se dobro ne združijo. Kuhane ovsene kosmiče razporedimo na 4 enake dele in jih prelijemo s sladko smetano. Potresemo z jagodami in postrežemo.

Hranilna vrednost (za 100 g):150 kalorij 5 g maščobe 30 g ogljikovih hidratov 5 g beljakovin 807 mg natrija

Čoko-jagodni krep

Čas priprave: 5 minut
Čas kuhanja: 10 minut
Porcije: 4
Težavnost: enostavno

Sestavine:

- 1 skodelica večnamenske pšenične moke
- 2/3 skodelice mleka z nizko vsebnostjo maščob (1%)
- 2 beljaka
- 1 jajce
- 3 žlice sladkorja
- 3 žlice nesladkanega kakava v prahu
- 1 žlica ohlajenega stopljenega masla
- 1/2 čajne žličke soli
- 2 žlički repičnega olja
- 3 žlice jagodnega sadnega namaza
- 3 1/2 skodelice narezanih odmrznjenih zamrznjenih ali svežih jagod
- 1/2 skodelice odmrznjenega stepenega preliva brez maščobe
- Listi sveže mete (po želji)

navodila:

V veliko skledo dodajte prvih osem sestavin, dokler niso gladke in temeljito premešane.

¼ čajne žličke olja namažite na majhno ponev proti prijemanju na zmernem ognju. Nalijte ¼ skodelice testa na sredino in zavrtite, da prekrijete pekač s testom.

Kuhajte eno minuto ali dokler palačinka ne postane pusta in se robovi posušijo. Obrnemo na drugo stran in kuhamo še pol minute. Postopek ponovimo s preostalo mešanico in oljem.

Na sredino palačinke stresite ¼ skodelice odmrznjenih jagod in prelijte z nadevom. Pred serviranjem prelijemo z 2 žlicama stepene smetane in okrasimo z meto.

Hranilna vrednost (za 100 g): 334 kalorij 5 g maščobe 58 g ogljikovih hidratov 10 g beljakovin 678 mg natrija

Quiche s šparglji in šunko brez skorje

Čas priprave: 5 minut
Čas kuhanja: 42 minut
Porcije: 6
Težavnost: enostavno

Sestavine:

- 2 skodelici 1/2-palčnih narezanih špargljev
- 1 rdeča paprika, sesekljana
- 1 skodelica mleka z nizko vsebnostjo maščob (1%)
- 2 žlici večnamenske pšenične moke
- 4 beljaki
- 1 jajce, celo
- 1 skodelica kuhane sesekljane šunke
- 2 žlici sveže sesekljanega pehtrana ali bazilike
- 1/2 čajne žličke soli (neobvezno)
- 1/4 čajne žličke črnega popra
- 1/2 skodelice švicarskega sira, drobno naribanega

navodila:

Pečico segrejte na 350 stopinj F. Pecite papriko in šparglje v mikrovalovni pečici v žlici vode na VISOKI 2 minuti. Odtok. Moko in mleko stepamo, nato dodamo jajca in beljake, da se dobro povežejo. Vmešajte zelenjavo in preostale sestavine, razen sira.

Vlijemo v 9-palčni pekač za pite in pečemo 35 minut. Po quichu potresemo sir in pečemo še 5 minut oziroma dokler se sir ne stopi. Pustite, da se ohladi 5 minut, nato pa ga narežite na 6 rezin za serviranje.

Hranilna vrednost (za 100 g): 138 kalorij 1 g maščobe 8 g ogljikovih hidratov 13 g beljakovin 588 mg natrija

Jabolčni sirni kolački

Čas priprave: 20 minut
Čas kuhanja: 15 minut
Porcije: 10
Zahtevnost: Srednja

Sestavine:

- 1 skodelica večnamenske moke
- 1 skodelica polnozrnate pšenične moke, bele
- 3 žlice sladkorja
- 1 1/2 žličke pecilnega praška
- 1/2 čajne žličke soli
- 1/2 čajne žličke mletega cimeta
- 1/4 čajne žličke pecilnega praška
- 1 na kocke narezano jabolko Granny Smith
- 1/2 skodelice naribanega ostrega cheddar sira
- 1/3 skodelice jabolčne kaše, naravne ali nesladkane
- 1/4 skodelice mleka, brez maščobe (posneto)
- 3 žlice stopljenega masla
- 1 jajce

navodila:

Pripravite pečico na 425 stopinj F. Pripravite pekač tako, da ga obložite s pergamentnim papirjem. Vse suhe sestavine združite v skledo in premešajte. Vmešajte sir in jabolko ter odstavite. Vse mokre sestavine stepemo skupaj. Prelijemo čez suho mešanico, dokler se ne združi in postane lepljivo testo.

Na pomokani površini testo vmesimo približno 5-krat. Nato potapkajte in raztegnite v 8-palčni krog. Razrežite na 10 diagonalnih rezov.

Položite na pekač in po vrhu poškropite s pršilom za kuhanje. Pečemo 15 minut ali dokler ne postanejo rahlo zlate. Postrezite.

Hranilna vrednost (za 100 g): 169 kalorij 2 g maščobe 26 g ogljikovih hidratov 5 g beljakovin 689 mg natrija

Slanina in jajčni zavitek

Čas priprave: 15 minut
Čas kuhanja: 15 minut
Porcije: 4
Težavnost: enostavno

Sestavine:

- 1 skodelica jajčnega nadomestka, brez holesterola
- 1/4 skodelice naribanega parmezana
- 2 rezini kanadske slanine, narezane na kocke
- 1/2 čajne žličke rdeče pekoče omake
- 1/4 čajne žličke črnega popra
- 4x7-palčne polnozrnate tortilje
- 1 skodelica listov mlade špinače

navodila:

Pečico segrejte na 325 stopinj F. Zmešajte prvih pet sestavin, da naredite nadev. Mešanico vlijemo v 9-palčno stekleno posodo, popršeno s pršilom za kuhanje z okusom masla.

Pečemo 15 minut oziroma dokler se jajce ne strdi. Odstranite iz pečice. Tortilje za minuto postavimo v pečico. Pečeno jajčno mešanico narežemo na četrtine. Na sredino vsake tortilje razporedite četrtino in na vrh položite ¼ skodelice špinače. Tortiljo zložite od dna proti sredini in nato obe strani proti sredini, da jo obdate. Postrezite takoj.

Hranilna vrednost (za 100 g):195 kalorij 3 g maščobe 20 g ogljikovih hidratov 15 g beljakovin 688 mg natrija

Pomarančno-borovničev mafin

Čas priprave: 10 minut
Čas kuhanja: 10-25 minut
Porcije: 12
Zahtevnost: Srednja

Sestavine:

- 1 3/4 skodelice večnamenske moke
- 1/3 skodelice sladkorja
- 2 1/2 čajne žličke pecilnega praška
- 1/2 čajne žličke pecilnega praška
- 1/2 čajne žličke soli
- 1/2 čajne žličke mletega cimeta
- 3/4 skodelice mleka, nemastnega (posnetega)
- 1/4 skodelice masla
- 1 jajce, veliko, rahlo stepeno
- 3 žlice odmrznjenega koncentrata pomarančnega soka
- 1 čajna žlička vanilije
- 3/4 skodelice svežih borovnic

navodila:

Pripravite pečico na 400 stopinj F. Sledite korakom od 2 do 5 v ajdovem jabolčno-rozinovem mafinu. Napolnite skodelice za mafine do ¾-polne mešanice in pecite 20 do 25 minut. Pustite, da se ohladi 5 minut in postrezite toplo.

Hranilna vrednost (za 100 g): 149 kalorij 5 g maščobe 24 g ogljikovih hidratov 3 g beljakovin 518 mg natrija

14. Pečeni ingverjevi ovseni kosmiči s hruškovim prelivom

Čas priprave: 10 minut
Čas kuhanja: 15 minut
Porcije: 2
Težavnost: enostavno

Sestavine:

- 1 skodelica staromodnega ovsa
- 3/4 skodelice mleka, nemastnega (posnetega)
- 1 beljak
- 1 1/2 žličke naribanega ingverja, svežega ali 3/4 žličke mletega ingverja
- 2 žlici rjavega sladkorja, razdeljeno
- 1/2 na kocke narezane zrele hruške

navodila:

Razpršite 2 x 6 unč ramekina z razpršilom za kuhanje proti prijemanju. Pečico pripravite na 350 stopinj F. Zmešajte prve štiri sestavine in eno žlico sladkorja ter dobro premešajte. Enakomerno nalijte med 2 ramekina. Na vrh položite rezine hrušk in preostalo žlico sladkorja. Pečemo 15 minut. Postrezite toplo.

Hranilna vrednost (za 100 g): 268 kalorij 5 g maščobe 2 g ogljikovih hidratov 10 g beljakovin 779 mg natrija

Zelenjavna omleta v grškem slogu

Čas priprave: 10 minut
Čas kuhanja: 20 minut
Porcije: 2
Težavnost: enostavno

Sestavine:

- 4 velika jajca
- 2 žlici mleka brez maščobe
- 1/8 čajne žličke soli
- 3 čajne žličke oljčnega olja, razdeljene
- 2 skodelici baby portobella, narezanega
- 1/4 skodelice drobno sesekljane čebule
- 1 skodelica sveže mlade špinače
- 3 žlice feta sira, zdrobljenega
- 2 žlici zrelih oliv, narezanih na rezine
- Sveže mlet poper

navodila:

Prve tri sestavine stepemo skupaj. V ponvi proti prijemanju na srednje močnem ognju segrejte 2 žlici olja. Čebulo in gobe pražimo 5-6 minut oziroma do zlato rjave barve. Vmešamo špinačo in skuhamo. Zmes odstranite iz ponve.

V isti ponvi segrejte preostalo olje na srednje nizkem ognju. Nalijte svojo jajčno zmes in ko se začne strjevati, potisnite robove proti sredini, da neka kuhana zmes steče pod njo. Ko se jajca strdijo, zelenjavno mešanico potisnite na stran. Potresemo z olivami in feto ter prepognemo še drugo stran, da se zapre. Prerežite na pol in potresite s poprom za serviranje.

Hranilna vrednost (za 100 g): 271 kalorij 2 g maščobe 7 g ogljikovih hidratov 18 g beljakovin 648 mg natrija

Poletni smoothie

Čas priprave: 8 minut
Čas kuhanja: 0 minut
Porcije: 2
Težavnost: enostavno
Sestavine:

- 1/2 banane, olupljene
- 2 skodelici jagod, prepolovljenih
- 3 žlice sesekljane mete
- 1 1/2 skodelice kokosove vode
- 1/2 avokada, izkoščičenega in olupljenega
- 1 datelj, narezan
- Ledene kocke po potrebi

navodila:

Vse skupaj dajte v blender in mešajte do gladkega. Za zgostitev dodajte ledene kocke in postrezite ohlajeno.

Hranilna vrednost (za 100 g): 360 kalorij 12 g maščobe 5 g ogljikovih hidratov 31 g beljakovin 737 mg natrija

Pitas s šunko in jajcem

Čas priprave: 5 minut
Čas kuhanja: 15 minut
Porcije: 4
Težavnost: enostavno

Sestavine:

- 6 jajc
- 2 šalotki, sesekljani
- 1 žlička olivnega olja
- 1/3 skodelice prekajene šunke, sesekljane
- 1/3 skodelice sladke zelene paprike, sesekljane
- 1/4 skodelice sira Brie
- Morska sol in črni poper po okusu
- 4 listi zelene solate
- 2 pita kruha, polnozrnata

navodila:

V ponvi na zmernem ognju segrejte olivno olje. Dodajte šalotko in zeleno papriko, pustite, da se kuhajo pet minut in redno mešajte.

Vzemite ven skledo in stepite jajca, potresite jih s soljo in poprom. Prepričajte se, da so jajca dobro stepena. V ponev dodajte jajca, nato vmešajte šunko in sir ter dobro premešajte in kuhajte, dokler se zmes ne zgosti. Pite razpolovite in odprite žepke. V vsak žep namažemo žličko gorčice in v vsakega položimo list solate. V vsakega razdelite jajčno mešanico in postrezite.

Hranilna vrednost (za 100 g): 610 kalorij 21 g maščobe 10 g ogljikovih hidratov 41 g beljakovin 807 mg natrija

Zajtrk Kuskus

Čas priprave: 5 minut
Čas kuhanja: 15 minut
Porcije: 4
Zahtevnost: Srednja

Sestavine:

- 3 skodelice mleka z nizko vsebnostjo maščob
- 1 cimetova palčka
- 1/2 skodelice marelic, posušenih in sesekljanih
- 1/4 skodelice posušenega ribeza
- 1 skodelica kuskusa, nekuhanega
- Ščepec morske soli, dobro
- 4 žličke masla, stopljenega
- 6 žličk rjavega sladkorja

navodila:

Na srednje močnem ognju segrejte ponev z mlekom in cimetom. Kuhajte tri minute, preden ponev odstavite z ognja.

Dodajte marelice, kuskus, sol, ribez in sladkor. Dobro premešamo, nato pokrijemo. Odstavite in pustite stati petnajst minut.

Cimetovo palčko zavrzite in razdelite med sklede. Pred serviranjem potresemo z rjavim sladkorjem.

Hranilna vrednost (za 100 g): 520 kalorij 28 g maščobe 10 g ogljikovih hidratov 39 g beljakovin 619 mg natrija

Breskova solata za zajtrk

Čas priprave: 10 minut
Čas kuhanja: 0 minut
Porcije: 1
Težavnost: enostavno

Sestavine:

- 1/4 skodelice orehov, sesekljanih in opečenih
- 1 čajna žlička medu, surovega
- 1 breskev, izkoščičena in narezana
- 1/2 skodelice skute, brez maščobe in sobne temperature
- 1 žlica mete, sveže in sesekljane
- 1 limona, olupljena

navodila:

Skuto dajte v skledo in nanjo potresite rezine breskev in orehe. Prelijemo z medom in prelijemo z meto.

Pred serviranjem takoj potresemo z limonino lupinico.

Hranilna vrednost (za 100 g): 280 kalorij 11 g maščobe 19 g ogljikovih hidratov 39 g beljakovin 527 mg natrija

Okusen oves

Čas priprave: 10 minut
Čas kuhanja: 10 minut
Porcije: 2
Težavnost: enostavno

Sestavine:

- 1/2 skodelice ovsenih kosmičev
- 1 skodelica vode
- 1 velik in narezan paradižnik
- 1 kumara, sesekljana
- 1 žlica oljčnega olja
- Morska sol in črni poper po okusu
- Ploščati peteršilj, sesekljan za okras
- Parmezan, nizko vsebnost maščob in sveže nariban

navodila:

V loncu na močnem ognju zavrite oves in skodelico vode. Pogosto mešajte, dokler se voda popolnoma ne vpije, kar bo trajalo približno petnajst minut. Razdelite med dve skledi in na vrh položite paradižnike in kumare. Pokapljamo z olivnim oljem in potresemo s parmezanom. Pred serviranjem okrasite s peteršiljem.

Hranilna vrednost (za 100 g): 408 kalorij 13 g maščobe 10 g ogljikovih hidratov 28 g beljakovin 825 mg natrija

Tahini in jabolčni toast

Čas priprave: 15 minut

Čas kuhanja: 0 minut

Porcije: 1

Težavnost: enostavno

Sestavine:

- 2 žlici tahinija
- 2 rezini polnozrnatega kruha, popečen
- 1 čajna žlička medu, surovega
- 1 jabolko, majhno, brez sredice in narezano na tanke rezine

navodila:

Začnite tako, da tahini razporedite po toastu, nato pa ga prelijte z jabolki. pred serviranjem pokapljajte z medom.

Hranilna vrednost (za 100 g): 366 kalorij 13 g maščobe 9 g ogljikovih hidratov 29 g beljakovin 686 mg natrija

Umešana bazilika

Čas priprave: 5 minut
Čas kuhanja: 10 minut
Porcije: 2
Težavnost: enostavno

Sestavine:

- 4 jajca, velika
- 2 žlici sveže bazilike, drobno sesekljane
- 2 žlici sira Gruyere, naribanega
- 1 žlica smetane
- 1 žlica oljčnega olja
- 2 stroka česna, nasekljana
- Morska sol in črni poper po okusu

navodila:

Vzemite veliko skledo in skupaj zmešajte baziliko, sir, smetano in jajca. Mešajte, dokler se dobro ne združi. Vzemite veliko ponev na srednje nizek ogenj in segrejte olje. Dodajte svoj česen, kuhajte minuto. Moral bi biti zlat.

Jajčno mešanico v ponvi prelijte čez česen, nato pa nadaljujte z mešanjem, dokler se ne zmehča in puhasto. Dobro začinimo in še toplo postrežemo.

Hranilna vrednost (za 100 g): 360 kalorij 14 g maščobe 8 g ogljikovih hidratov 29 g beljakovin 545 mg natrija

Grški krompir in jajca

Čas priprave: 10 minut
Čas kuhanja: 30 minut
Porcije: 2
Težavnost: enostavno

Sestavine:

- 3 paradižniki, brez sredice in grobo narezani
- 2 žlici bazilike, sveže in sesekljane
- 1 strok česna, sesekljan
- 2 žlici + ½ skodelice oljčnega olja, razdeljeno
- morska sol in črni poper po okusu
- 3 veliki rdeči krompirji
- 4 jajca, velika
- 1 čajna žlička svežega in sesekljanega origana

navodila:

Vzemite kuhinjski robot in vanj vstavite paradižnike ter jih z lupino pretlačite v pire.

Dodamo česen, dve žlici olja, sol, poper in baziliko. Pulzirajte, dokler se dobro ne združi. To zmes postavite v ponev, pokrito, za 20 do 25 minut na majhnem ognju. Vaša omaka mora biti zgoščena in mehurčkasta.

Krompir narežite na kocke, nato pa ga položite v ponev s ½ skodelice olivnega olja v ponev na srednje nizkem ognju.

Krompir pražite, dokler ni hrustljav in rjav. To naj traja pet minut, nato ponev pokrijte in ogenj zmanjšajte na nizko. Kuhajte jih na pari, dokler krompir ni gotov.

V paradižnikovo omako vmešamo jajca in kuhamo na majhnem ognju šest minut. Vaša jajca morajo biti nastavljena.

Odstranite krompir iz lonca in ga odcedite s papirnatimi brisačkami. Položite jih v skledo. Potresemo s soljo, poprom in origanom, nato pa jajca postrežemo s krompirjem. Čez mešanico pokapajte svojo omako in postrezite toplo.

Hranilna vrednost (za 100 g): 348 kalorij 12 g maščobe 7 g ogljikovih hidratov 27 g beljakovin 469 mg natrija

Smoothie z avokadom in medom

Čas priprave: 5 minut

Čas kuhanja: 0 minut

Porcije: 2

Težavnost: enostavno

Sestavine:

- 1 1/2 dl sojinega mleka
- 1 velik avokado
- 2 žlici surovega medu

navodila:

Vse sestavine zmešajte in mešajte do gladkega ter takoj postrezite.

Hranilna vrednost (za 100 g): 280 kalorij 19 g maščobe 11 g ogljikovih hidratov 30 g beljakovin 547 mg natrija

Zelenjavna fritaja

Čas priprave: 5 minut
Čas kuhanja: 10 minut
Porcije: 2
Težavnost: enostavno

Sestavine:

- 1/2 jajčevca, olupljenega in narezanega na kocke
- 1 pest listov mlade špinače
- 1 žlica oljčnega olja
- 3 jajca, velika
- 1 čajna žlička mandljevega mleka
- 1-unča kozjega sira, zdrobljenega
- 1/4 majhne rdeče paprike, sesekljane
- morska sol in črni poper po okusu

navodila:

Začnite s segrevanjem brojlerja v pečici, nato pa jajca stepite skupaj z mandljevim mlekom. Prepričajte se, da je dobro premešano, nato pa vzemite ven neoprijemljivo ponev, odporno na pečico. Postavite na srednje močan ogenj, nato dodajte olivno olje.

Ko se olje segreje, dodajte jajca. Po tej mešanici razporedite špinačo v enakomernem sloju in na vrh položite preostalo zelenjavo.

Zmanjšajte ogenj na srednje in potresite s soljo in poprom. Pustite, da se zelenjava in jajca kuhajo pet minut. Spodnja polovica jajc mora biti čvrsta, zelenjava pa mehka. Na vrh potresemo kozji sir, nato pa na srednji rešetki pražimo tri do pet minut. Vaša jajca morajo biti pečena in vaš sir mora biti stopljen. Narežemo na kocke in še tople postrežemo.

Hranilna vrednost (za 100 g): 340 kalorij 16 g maščobe 9 g ogljikovih hidratov 37 g beljakovin 748 mg natrija

Mini solatni zavitki

Čas priprave: 15 minut
Čas kuhanja: 0 minut
Porcije: 4
Težavnost: enostavno

Sestavine:

- 1 kumara, narezana na kocke
- 1 rdeča čebula, narezana
- 1 unča feta sira, z nizko vsebnostjo maščob in zdrobljen
- 1 limona, iztisnjen sok
- 1 paradižnik, narezan na kocke
- 1 žlica oljčnega olja
- 12 majhnih listov zelene solate
- morska sol in črni poper po okusu

navodila:

V skledi zmešajte paradižnik, čebulo, feto in kumare. Zmešajte olje in sok ter začinite s soljo in poprom.

Vsak list nadevamo z zelenjavno mešanico in tesno zvijemo. Za serviranje jih držite skupaj z zobotrebcem.

Hranilna vrednost (za 100 g): 291 kalorij 10 g maščobe 9 g ogljikovih hidratov 27 g beljakovin 655 mg natrija

Curry jabolčni kuskus

Čas priprave: 20 minut
Čas kuhanja: 5 minut
Porcije: 4
Zahtevnost: Srednja

Sestavine:

- 2 žlici olivnega olja
- 2 pora, samo bele dele, narezana na rezine
- 1 na kocke narezano jabolko
- 2 žlici curryja v prahu
- 2 skodelici kuskusa, kuhanega in polnozrnatega
- 1/2 skodelice pekan orehov, sesekljanih

navodila:

V ponvi segrejte olje na srednjem ognju. Dodajte por in kuhajte do mehkega, kar bo trajalo pet minut. Dodajte svoje jabolko in kuhajte do mehkega.

Dodamo curry in kuskus ter dobro premešamo. Odstranite z ognja in vmešajte oreščke, preden takoj postrežete.

Hranilna vrednost (za 100 g): 330 kalorij 12 g maščobe 8 g ogljikovih hidratov 30 g beljakovin 824 mg natrija

Jagnjetina in zelenjavna pita

Čas priprave: 20 minut
Čas kuhanja: 1 ura in 10 minut
Porcije: 8
Zahtevnost: Srednja

Sestavine:

- 1/4 skodelice olivnega olja
- 1 lb pusto jagnjetino, izkoščičeno in narezano na ½ cm velike kose
- 2 rdeča krompirja, velika, oluščena in narezana na kocke
- 1 čebula, grobo sesekljana
- 2 stroka česna, nasekljana
- 28 unč na kocke narezanega paradižnika s tekočino, v pločevinkah in brez soli
- 2 bučki, narezani na ½-palčne rezine
- 1 rdeča paprika, brez semen in narezana na 1-palčne kocke
- 2 žlici sesekljanega ploščatega peteršilja
- 1 žlica paprike
- 1 žlička timijana
- 1/2 žličke cimeta
- 1/2 skodelice rdečega vina
- morska sol in črni poper po okusu

navodila:

Začnite tako, da vklopite pečico na 325, nato pa vzemite velik pekač. Postavite ga na srednje močan ogenj, da se segreje oljčno olje. Ko se vaše olje segreje, vmešajte jagnjetino, meso prepražite. Redno mešajte, da ne poteče, nato pa jagnjetino položite v pekač, odporen na pečico. V ponvi kuhajte česen, čebulo in krompir, dokler se ne zmehčajo, kar naj traja še pet do šest minut. Tudi njih položimo v pekač. Bučke, papriko in paradižnik stresite v ponev z zelišči in začimbami. Pustite vreti še deset minut, preden jo vlijete v pekač. Zalijemo z vinsko in poprovo omako, dodamo paradižnik in pokrijemo s folijo. Pečemo eno uro. Zadnjih petnajst minut peke odstranite pokrov in po potrebi prilagodite začimbe.

Hranilna vrednost (za 100 g): 240 kalorij 14 g maščobe 8 g ogljikovih hidratov 36 g beljakovin 427 mg natrija

Zeliščna iverka

Čas priprave: 20 minut
Čas kuhanja: 1 ura in 5 minut
Porcije: 4
Zahtevnost: Srednja

Sestavine:

- 1/2 skodelice ploščatega peteršilja, rahlo pakiranega
- 1/4 skodelice olivnega olja
- 4 stroke česna, olupljene in razpolovljene
- 2 žlici rožmarina, svežega
- 2 žlici timijanovih listov, svežih
- 2 žlici svežega žajblja
- 2 žlici limonine lupinice, sveže
- 4 fileji iverke
- morska sol in črni poper po okusu

navodila:

Pečico segrejte na 350 stopinj, nato pa v procesor dodajte vse sestavine razen čistilnika. Mešajte, dokler ne nastane hick pasta. Fileje položite na pekač in jih premažite s testeninami. Pustimo, da se eno uro ohladijo v hladilniku. Pečemo deset minut. Začinimo po okusu in postrežemo vroče.

Hranilna vrednost (za 100 g): 307 kalorij 11 g maščobe 7 g ogljikovih hidratov 34 g beljakovin 824 mg natrija

Cvetačna kvinoja

Čas priprave: 15 minut
Čas kuhanja: 10 minut
Porcije: 4
Težavnost: enostavno

Sestavine:

- 1 1/2 dl kuhane kvinoje
- 3 žlice olivnega olja
- 3 skodelice cvetov cvetače
- 2 mladi čebuli, sesekljani
- 1 žlica rdečega vinskega kisa
- morska sol in črni poper po okusu
- 1 žlica rdečega vinskega kisa
- 1 žlica drobnjaka, sesekljanega
- 1 žlica sesekljanega peteršilja

navodila:

Začnite s segrevanjem ponve na srednje močnem ognju. Dodajte svoje olje. Ko se olje segreje, dodajte mlado čebulo in kuhajte približno dve minuti. Dodajte kvinojo in cvetačo, nato dodajte preostale sestavine. Dobro premešamo in pokrijemo. Kuhajte devet minut na zmernem ognju in razdelite na krožnike za serviranje.

Hranilna vrednost (za 100 g): 290 kalorij 14 g maščobe 9 g ogljikovih hidratov 26 g beljakovin 656 mg natrija

Smoothie z mangovo hruško

Čas priprave: 5 minut
Čas kuhanja: 0 minut
Porcije: 1
Težavnost: enostavno

Sestavine:

- 2 kocki ledu
- ½ skodelice grškega jogurta, navadnega
- ½ manga, olupljenega, razkoščičenega in narezanega
- 1 skodelica ohrovta, sesekljanega
- 1 zrela hruška, izrezana in narezana

navodila:

Mešajte, dokler ni gosta in gladka. Postrežemo ohlajeno.

Hranilna vrednost (za 100 g): 350 kalorij 12 g maščobe 9 g ogljikovih hidratov 40 g beljakovin 457 mg natrija

Špinačna omleta

Čas priprave: 10 minut
Čas kuhanja: 20 minut
Porcije: 4
Težavnost: enostavno

Sestavine:

- 3 žlice olivnega olja
- 1 čebula, majhna in sesekljana
- 1 strok česna, sesekljan
- 4 veliki paradižniki, brez sredice in narezani
- 1 čajna žlička morske soli, fine
- 8 jajc, pretepenih
- ¼ čajne žličke črnega popra
- 2 unči feta sira, zdrobljenega
- 1 žlica ploščato listnatega peteršilja, svežega in sesekljanega

navodila:

Pečico segrejte na 400 stopinj in v pekač, ki je odporen na pečico, vlijte olivno olje. Ponev postavite na močan ogenj, dodajte čebulo. Kuhajte pet do sedem minut. Vaša čebula se mora zmehčati.

Dodajte paradižnik, sol, poper in česen. Dušimo še pet minut in prilijemo stepena jajca, rahlo premešamo in kuhamo tri do pet minut. Sedeti morajo na dnu. Pekač postavimo v pečico, pečemo še pet minut. Vzamemo iz pečice, potresemo s peteršiljem in feto. Postrežemo toplo.

Hranilna vrednost (za 100 g):280 kalorij 19 g maščobe 10 g ogljikovih hidratov 31 g beljakovin 625 mg natrija

Mandljeve palačinke

Čas priprave: 15 minut
Čas kuhanja: 15 minut
Porcije: 6
Težavnost: enostavno

Sestavine:

- 2 skodelici mandljevega mleka, nesladkanega in sobne temperature
- 2 veliki jajci sobne temperature
- ½ skodelice kokosovega olja, stopljenega + več za mazanje
- 2 žlički surovega medu
- ¼ čajne žličke morske soli, fine
- ½ žličke pecilnega praška
- 1½ dl polnozrnate pšenične moke
- ½ skodelice mandljeve moke
- 1½ čajne žličke pecilnega praška
- ¼ čajne žličke mletega cimeta

navodila:

Vzemite veliko skledo in zmešajte kokosovo olje, jajce, mandljevo mleko in med ter mešajte, dokler se dobro ne združijo.

Vzemite srednje veliko skledo in skupaj presejte pecilni prašek, sodo bikarbono, mandljevo moko, morsko sol, polnozrnato moko in cimet. Dobro premešaj.

Dodajte mešanico moke svoji mešanici mleka in dobro premešajte.

Vzemite veliko ponev in jo namastite s kokosovim oljem, preden jo postavite na srednje močan ogenj. Dodajte maso za palačinke v merici ½ skodelice.

Kuhajte tri minute oziroma dokler robovi niso čvrsti. Dno vaše palačinke mora biti zlato, mehurčki pa morajo počiti površino. Skuhajte obe strani.

Obrišite posodo in ponavljajte, dokler ne porabite vsega testa. Po želji ponovno namastite pekač in vrh s svežim sadjem.

Hranilna vrednost (za 100 g): 205 kalorij 16 g maščobe 9 g ogljikovih hidratov 36 g beljakovin 828 mg natrija

Sadna solata iz kvinoje

Čas priprave: 25 minut
Čas kuhanja: 0 minut
Porcije: 4
Težavnost: enostavno

Sestavine:

- 2 žlici surovega medu
- 1 skodelica jagod, svežih in narezanih
- 2 žlici limetinega soka, svežega
- 1 čajna žlička bazilike, sveže in sesekljane
- 1 skodelica kuhane kvinoje
- 1 mango, olupljen, razkoščičen in narezan na kocke
- 1 skodelica svežih robid
- 1 breskev, izkoščičena in narezana na kocke
- 2 kivija, olupljena in narezana na četrtine

navodila:

Začnite z mešanjem limetinega soka, bazilike in medu v majhni skledi. V drugi skledi zmešajte jagode, kvinojo, robide, breskve, kivi in mango. Dodajte mešanico medu in jo pred serviranjem premešajte.

Hranilna vrednost (za 100 g): 159 kalorij 12 g maščobe 9 g ogljikovih hidratov 29 g beljakovin 829 mg natrija

Smuti z jagodno rabarbaro

Čas priprave: 8 minut
Čas kuhanja: 0 minut
Porcije: 1
Težavnost: enostavno

Sestavine:

- 1 skodelica jagod, svežih in narezanih
- 1 steblo rabarbare, sesekljano
- 2 žlici surovega medu
- 3 kocke ledu
- 1/8 čajne žličke mletega cimeta
- ½ skodelice grškega jogurta, navadnega

navodila:

Začnite tako, da vzamete majhen lonec in ga napolnite z vodo. Postavite na močan ogenj, da zavre, nato dodajte rabarbaro. Kuhajte tri minute, preden jo odcedite in prestavite v mešalnik.

V mešalnik dodajte jogurt, med, cimet in jagode. Ko je masa gladka, vmešajte sladoled.Mešajte dokler ni več grudic in postane gost. Uživajte v mrazu.

Hranilna vrednost (za 100 g): 201 kalorija 11 g maščobe 9 g ogljikovih hidratov 39 g beljakovin 657 mg natrija

Ječmen rdeč

Čas priprave: 10 minut
Čas kuhanja: 20 minut
Porcije: 4
Težavnost: enostavno

Sestavine:

- 1 skodelica pšeničnih jagod
- 1 skodelica ječmena
- 2 skodelici mandljevega mleka, nesladkanega + več za serviranje
- ½ skodelice borovnic
- ½ skodelice semen granatnega jabolka
- 2 skodelici vode
- ½ skodelice lešnikov, opečenih in sesekljanih
- ¼ skodelice surovega medu

navodila:

Vzemite lonec, ga postavite na srednje močan ogenj, nato dodajte mandljevo mleko, vodo, ječmen in pšenične jagode. Zavremo, preden znižamo ogenj in pustimo vreti petindvajset minut. Pogosto premešajte. Vaša zrna bi morala postati mehka.

Vsako porcijo prelijte z borovnicami, semeni granatnega jabolka, lešniki, žlico medu in kančkom mandljevega mleka.

Hranilna vrednost (za 100 g): 150 kalorij 10 g maščobe 9 g ogljikovih hidratov 29 g beljakovin 546 mg natrija

Smoothie iz medenjakov in buč

Čas priprave: 15 minut
Čas kuhanja: 50 minut
Porcije: 1
Težavnost: enostavno

Sestavine:

- 1 skodelica mandljevega mleka, nesladkanega
- 2 žlički chia semen
- 1 banana
- ½ skodelice bučnega pireja, v pločevinkah
- ¼ čajne žličke mletega ingverja
- ¼ čajne žličke mletega cimeta
- 1/8 žličke mletega muškatnega oreščka

navodila:

Začnite tako, da vzamete skledo in zmešate čajna semena in mandljevo mleko. Pustite jih stati vsaj eno uro, lahko pa jih namakate tudi čez noč. Prenesite jih v blender.

Dodajte preostale sestavine, nato pa mešajte do gladkega. Postrežemo ohlajeno.

Hranilna vrednost (za 100 g): 250 kalorij 13 g maščobe 7 g ogljikovih hidratov 26 g beljakovin 621 mg natrija

Zeleni sok

Čas priprave: 5 minut
Čas kuhanja: 0 minut
Porcije: 1
Težavnost: enostavno

Sestavine:

- 3 skodelice temne listnate zelenjave
- 1 kumara
- ¼ skodelice svežih listov italijanskega peteršilja
- ¼ ananasa, narezanega na kocke
- ½ zelenega jabolka
- ½ pomaranče
- ½ limone
- Ščepec naribanega svežega ingverja

navodila:

S sokovnikom predelajte zeleno, kumare, peteršilj, ananas, jabolko, pomarančo, limono in ingver, prelijte v veliko skodelico in postrezite.

Hranilna vrednost (za 100 g): 200 kalorij 14 g maščobe 6 g ogljikovih hidratov 27 g beljakovin 541 mg natrija

Smoothie z orehi in datlji

Čas priprave: 10 minut

Čas kuhanja: 0 minut

Porcije: 2

Težavnost: enostavno

Sestavine:

- 4 datlji brez koščic
- ½ skodelice mleka
- 2 skodelici navadnega grškega jogurta
- 1/2 skodelice orehov
- ½ žličke cimeta, mletega
- ½ čajne žličke ekstrakta vanilije, čistega
- 2-3 kocke ledu

navodila:

Vse skupaj zmešajte do gladkega, nato postrezite ohlajeno.

Hranilna vrednost (za 100 g):109 kalorij 11 g maščobe 7 g ogljikovih hidratov 29 g beljakovin 732 mg natrija

Sadni smoothie

Čas priprave: 5 minut
Čas kuhanja: 0 minut
Porcije: 2
Težavnost: enostavno

Sestavine:

- 2 skodelici borovnic
- 2 skodelici nesladkanega mandljevega mleka
- 1 skodelica zdrobljenega ledu
- ½ žličke mletega ingverja

navodila:

V blender dajte borovnice, mandljevo mleko, led in ingver. Postopek do gladkega.

Hranilna vrednost (za 100 g): 115 kalorij 10 g maščobe 5 g ogljikovih hidratov 27 g beljakovin 912 mg natrija

Čokoladno bananin smoothie

Čas priprave: 5 minut

Čas kuhanja: 0 minut

Porcije: 2

Težavnost: enostavno

Sestavine:

- 2 banani, olupljeni
- 1 skodelica posnetega mleka
- 1 skodelica zdrobljenega ledu
- 3 žlice nesladkanega kakava v prahu
- 3 žlice medu

navodila:

V blenderju zmešajte banane, mandljevo mleko, sladoled, kakav v prahu in med. Mešajte do gladkega.

Hranilna vrednost (za 100 g): 150 kalorij 18 g maščobe 6 g ogljikovih hidratov 30 g beljakovin 821 mg natrija

Jogurt z borovnicami, medom in meto

Čas priprave: 5 minut

Čas kuhanja: 0 minut

Porcije: 2

Težavnost: enostavno

Sestavine:

- 2 skodelici nesladkanega navadnega grškega jogurta brez maščobe
- 1 skodelica borovnic
- 3 žlice medu
- 2 žlici svežih listov mete, sesekljanih

navodila:

Jogurt razdelite v 2 majhni skledi. Na vrh potresemo borovnice, med in meto.

Hranilna vrednost (za 100 g): 126 kalorij 12 g maščobe 8 g ogljikovih hidratov 37 g beljakovin 932 mg natrija

Parfe z jagodami in jogurtom

Čas priprave: 5 minut

Čas kuhanja: 0 minut

Porcije: 2

Težavnost: enostavno

Sestavine:

- 1 skodelica malin
- 1½ skodelice nesladkanega navadnega grškega jogurta brez maščobe
- 1 skodelica robid
- ¼ skodelice sesekljanih orehov

navodila:

V 2 skledi zložite maline, jogurt in robide. Potresemo z orehi.

Hranilna vrednost (za 100 g): 119 kalorij 13 g maščobe 7 g ogljikovih hidratov 28 g beljakovin 732 mg natrija

Ovsena kaša z jagodami in sončničnimi semeni

Čas priprave: 5 minut
Čas kuhanja: 10 minut
Porcije: 4
Težavnost: enostavno

Sestavine:

- 1¾ skodelice vode
- ½ skodelice nesladkanega mandljevega mleka
- Ščepec morske soli
- 1 skodelica staromodnega ovsa
- ½ skodelice borovnic
- ½ skodelice malin
- ¼ skodelice sončničnih semen

navodila:

V srednji ponvi na srednje močnem ognju zavrite vodo z mandljevim mlekom in morsko soljo.

Vmešajte oves.Znižajte ogenj na srednje nizko ter še naprej mešajte in kuhajte 5 minut. Pokrijte in pustite ovsene kosmiče stati še 2 minuti. Premešamo in postrežemo obloženo z borovnicami, malinami in sončničnimi semeni.

Hranilna vrednost (za 100 g):106 kalorij 9 g maščobe 8 g ogljikovih hidratov 29 g beljakovin 823 mg natrija

Mandljev in javorjev hitri zdrob

Čas priprave: 5 minut
Čas kuhanja: 10 minut
Porcije: 4
Težavnost: enostavno

Sestavine:

- 1½ dl vode
- ½ skodelice nesladkanega mandljevega mleka
- Ščepec morske soli
- ½ skodelice hitro kuhanega zdroba
- ½ čajne žličke mletega cimeta
- ¼ skodelice čistega javorjevega sirupa
- ¼ skodelice narezanih mandljev

navodila:

V srednje veliko ponev na srednje močan ogenj postavite vodo, mandljevo mleko in morsko sol ter zavrite.

Nenehno mešamo z leseno kuhalnico, počasi dodajamo zdrob. Nadaljujte z mešanjem, da preprečite grudice, in zmes počasi zavrite. Zmanjšajte toploto na srednje nizko. Med občasnim mešanjem kuhajte nekaj minut, dokler se voda popolnoma ne vpije. Vmešajte cimet, sirup in mandlje ter med mešanjem kuhajte še 1 minuto.

Hranilna vrednost (za 100 g): 126 kalorij 10 g maščobe 7 g ogljikovih hidratov 28 g beljakovin 851 mg natrija

Banana oves

Čas priprave: 10 minut
Čas kuhanja: 10 minut
Porcije: 2
Težavnost: enostavno

Sestavine:

- 1 banana, olupljena in narezana
- ¾ c mandljevega mleka
- ½ c hladno kuhane kave
- 2 izkoščičena datlja
- 2 žlici. kakav v prahu
- 1 c ovsena kaša
- 1½ žlice Chia semena

navodila:

Z mešalnikom dodajte vse sestavine. Dobro pripravite 5 minut in postrezite.

Hranilna vrednost (za 100 g): 288 kalorij 4,4 g maščobe 10 g ogljikovih hidratov 5,9 g beljakovin 733 mg natrija

Sendviči za zajtrk

Čas priprave: 5 minut
Čas kuhanja: 20 minut
Porcije: 4
Težavnost: enostavno

Sestavine:

- 4 tanki večzrnati sendviči
- 4 žličke olivno olje
- 4 jajca
- 1 žlica rožmarin, svež
- 2 kos svežih listov mlade špinače
- 1 paradižnik, narezan
- 1 žlica feta sira
- Ščepec košer soli
- Mleti črni poper

navodila:

Pripravite pečico na 375 F/190 C. Tanke stranice namažite z 2 žličkama. oljčnega olja in položite na pekač. Postavimo v pečico in pražimo 5 minut oziroma dokler robovi rahlo ne porjavijo.

V ponev dodajte preostanek oljčnega olja in rožmarin, da se segrejete na močnem ognju. Razbijte in dodajte cela jajca enega za drugim v ponev. Rumenjak naj bo še tekoč, beljaki pa strjeni.

Slive razdrobimo z lopatko. Obrnite jajce in kuhajte na drugi strani, dokler ni končano. Odstranite jajca z ognja. Popečene sendviče na tanko položite na 4 ločene krožnike. Božanska špinača med tankimi.

Vsako tanko obložite z dvema rezinama paradižnika, kuhanim jajcem in 1 žlico. feta sira. Rahlo potresemo s soljo in poprom po okusu. Preostale tanke polovice sendviča položite na vrh in pripravljeni so za postrežbo.

Hranilna vrednost (za 100 g): 241 kalorij 12,2 g maščobe 60,2 g ogljikovih hidratov 21 g beljakovin 855 mg natrija

Jutranji kuskus

Čas priprave: 10 minut
Čas kuhanja: 8 minut
Porcije: 4
Zahtevnost: Srednja

Sestavine:

- 3 c posneto mleko
- 1 č polnozrnat kuskus, nekuhan
- 1 cimetova palčka
- ½ sesekljane marelice, posušene
- ¼ c posušenega ribeza
- 6 žličk rjavi sladkor
- ¼ žličke sol
- 4 žličke stopljeno maslo

navodila:

Vzemite veliko ponev in zmešajte mleko in cimetovo palčko ter segrejte na srednjo temperaturo. Segrevajte 3 minute ali dokler se okoli robov posode ne naredijo mikro mehurčki. Ne zavrite. Odstavite z ognja, vmešajte kuskus, marelice, ribez, sol in 4 žličke. rjavi sladkor. Mešanico pokrijte in pustite stati 15 minut. Odstranite in zavrzite cimetovo palčko. Kuskus razdelite v 4 sklede in vsako prelijte z 1 žličko. stopljeno maslo in ½ žličke. rjavi sladkor. Pripravljeno za postrežbo.

Hranilna vrednost (za 100 g):306 kalorij 6 g maščobe 5 g ogljikovih hidratov 9 g beljakovin 944 mg natrija

Avokadov in jabolčni smoothie

Čas priprave: 5 minut
Čas kuhanja: 0 minut
Porcije: 2
Težavnost: enostavno

Sestavine:

- 3 c špinača
- 1 zeleno jabolko brez sredice, narezano
- 1 izkoščičen avokado, olupljen in narezan
- 3 žlice. Chia semena
- 1 čajna žlička med
- 1 zamrznjena banana, olupljena
- 2 c kokosovo mleko

navodila:

Z mešalnikom dodajte vse sestavine. Dobro kuhajte 5 minut, da dosežete gladko konsistenco in postrezite v kozarcu.

Hranilna vrednost (za 100 g): 208 kalorij 10,1 g maščobe 6 g ogljikovih hidratov 7 g beljakovin 924 mg natrija

Mini fritaje

Čas priprave: 10 minut
Čas kuhanja: 20 minut
Porcije: 8
Težavnost: enostavno

Sestavine:

- 1 sesekljana rumena čebula
- 1 c naribanega parmezana
- 1 sesekljana rumena paprika
- 1 sesekljana rdeča paprika
- 1 sesekljana bučka
- Sol in črni poper
- Malo olivnega olja
- 8 stepenih jajc
- 2 žlici. sesekljan drobnjak

navodila:

Ponev postavite na srednje močan ogenj. Dodajte olje, da se segreje. Vmešajte vse sestavine razen drobnjaka in jajc. Pražimo približno 5 minut.

Jajca položite na pekač za mafine in jih potresite z drobnjakom. Pečico nastavite na 350 F/176 C. Pekač za mafine postavite v pečico, da se peče cca. 10 minut. Jajca razporedimo po krožniku z dušeno zelenjavo.

Hranilna vrednost (za 100 g): 55 kalorij 3 g maščobe 0,7 g ogljikovih hidratov 9 g beljakovin 844 mg natrija

Na soncu sušeni paradižniki Ovseni kosmiči

Čas priprave: 10 minut
Čas kuhanja: 25 minut
Porcije: 4
Težavnost: enostavno

Sestavine:

- 3 c voda
- 1 c mandljevega mleka
- 1 žlica olivno olje
- 1 kos jekleno rezanega ovsa
- ¼ c narezanih paradižnikov, posušenih na soncu
- Ščepec kosmičev rdeče paprike

navodila:

S pomočjo ponve dodajte vodo in mleko, da premešate. Postavite na srednji ogenj in pustite, da zavre. Na srednje močan ogenj postavite drugo ponev. Segrejte olje in dodajte oves, da se kuha 2 minuti. Prenesite v prvo ponev s paradižniki in nato premešajte. Dušimo približno 20 minut. Položite v servirne sklede in potresite z kosmiči rdeče paprike. Uživajte.

Hranilna vrednost (za 100 g): 170 kalorij 17,8 g maščobe 1,5 g ogljikovih hidratov 10 g beljakovin 645 mg natrija

Jajca za zajtrk na avokadu

Čas priprave: 5 minut
Čas kuhanja: 15 minut
Porcije: 6
Težavnost: enostavno

Sestavine:

- 1 čajna žlička česen v prahu
- ½ čajne žličke morska sol
- ¼ c naribanega parmezana
- ¼ žličke Črni poper
- 3 razpolovljene avokade brez koščic
- 6 jajc

navodila:

Pripravite modelčke za mafine in segrejte pečico na 350 F/176 C. Razrežite avokado. Da zagotovite, da se jajce prilega v votlino avokada, rahlo postrgajte 1/3 mesa.

Avokado položite na pekač za mafine, pazite, da bo obrnjen na vrh. Vsak avokado enakomerno začinite s poprom, soljo in česnom v prahu. V vsako votlino avokada dodajte jajce in vrh okrasite s sirom. Postavite v pečico, da se peče, dokler se beljak ne strdi, približno 15 minut. Postrezite in uživajte.

Hranilna vrednost (za 100 g): 252 kalorij 20 g maščobe 2 g ogljikovih hidratov 5 g beljakovin 946 mg natrija

Brekky Egg - krompirjev hašiš

Čas priprave: 10 minut
Čas kuhanja: 25 minut
Porcije: 2
Težavnost: enostavno

Sestavine:

- 1 na kocke narezana bučka
- ½ c piščančje juhe
- ½ lb. ali 220 g kuhanega piščanca
- 1 žlica olivno olje
- 4 oz. ali 113 g kozic
- Sol in črni poper
- 1 kocke sladkega krompirja
- 2 jajci
- ¼ žličke kajenski poper
- 2 žlički česen v prahu
- 1 c sveža špinača

navodila:

Dodajte oljčno olje v ponev. Pražite kozice, kuhan piščanec in sladki krompir 2 minuti. Dodamo kajenski poper, česen v prahu in mešamo 4 minute. Dodamo bučke in mešamo še 3 minute.

V skledi stepemo jajca in jih dodamo v ponev. Po okusu začinimo s soljo in poprom. Pokrijte s pokrovom. Kuhajte še 1 minuto in primešajte piščančjo osnovo.

Pokrijte in kuhajte še 8 minut na močnem ognju. Dodamo špinačo, pražimo še 2 minuti in postrežemo.

Hranilna vrednost (za 100 g): 198 kalorij 0,7 g maščobe 7 g ogljikovih hidratov 10 g beljakovin 725 mg natrija

Juha iz bazilike in paradižnika

Čas priprave: 10 minut
Čas kuhanja: 25 minut
Porcije: 2
Zahtevnost: Srednja

Sestavine:

- 2 žlici. zelenjavna juha
- 1 sesekljan strok česna
- ½ c bele čebule
- 1 sesekljano steblo zelene
- 1 sesekljan korenček
- 3 c paradižniki, sesekljani
- Sol in poper
- 2 lovorjeva lista
- 1½ c nesladkanega mandljevega mleka
- 1/3 c listov bazilike

navodila:

V velikem loncu na zmernem ognju zavrite zelenjavno osnovo. Dodamo česen in čebulo ter pražimo 4 minute. Dodamo korenje in zeleno. Kuhajte še 1 minuto.

Dodajte paradižnik in zavrite. Pustimo vreti 15 minut. Dodamo mandljevo mleko, baziliko in lovorjev list. Začinimo in postrežemo.

Hranilna vrednost (za 100 g): 213 kalorij 3,9 g maščobe 9 g ogljikovih hidratov 11 g beljakovin 817 mg natrija

Humus iz maslene buče

Čas priprave: 10 minut
Čas kuhanja: 15 minut
Porcije: 4
Težavnost: enostavno

Sestavine:

- 2 lbs. ali 900 g maslene buče, olupljene
- 1 žlica olivno olje
- ¼ c tahinija
- 2 žlici. limonin sok
- 2 sesekljana stroka česna
- Sol in poper

navodila:

Pečico segrejte na 300 F/148 C. Butternut squash premažite z oljčnim oljem. Damo v pekač, da se pečejo 15 minut v pečici. Ko je buča kuhana, jo skupaj z ostalimi sestavinami damo v kuhinjski robot.

Pulzirajte, dokler ni gladko. Postrezite s korenčkom in palčkami zelene. Za nadaljnjo uporabo mesta v posamezne posode nalepite etiketo in shranite v hladilniku. Pred segrevanjem v mikrovalovni pečici pustite, da se segreje na sobno temperaturo.

Hranilna vrednost (za 100 g): 115 kalorij 5,8 g maščobe 6,7 g ogljikovih hidratov 10 g beljakovin 946 mg natrija

Mafini s šunko

Čas priprave: 10 minut
Čas kuhanja: 15 minut
Porcije: 6
Zahtevnost: Srednja

Sestavine:

- 9 rezin šunke
- 1/3 c sesekljane špinače
- ¼ c zdrobljenega feta sira
- ½ c sesekljane pečene rdeče paprike
- Sol in črni poper
- 1½ žlice bazilikin pesto
- 5 stepenih jajc

navodila:

Namastimo pekač za mafine. Uporabite 1½ rezine šunke, da obložite vsak model za mafine. Razen črnega popra, soli, pesta in jajc, preostale sestavine porazdelite po skodelicah šunke. S skledo zmešajte poper, sol, pesto in jajca. Na vrh nalijte mešanico popra. Pečico nastavite na 400 F/204 C in pecite približno 15 minut. Postrezite takoj.

Hranilna vrednost (za 100 g): 109 kalorij 6,7 g maščobe 1,8 g ogljikovih hidratov 9 g beljakovin 386 mg natrija

Farro solata

Čas priprave: 10 minut
Čas kuhanja: 0 minut
Porcije: 2
Težavnost: enostavno

Sestavine:

- 1 žlica olivno olje
- Sol in črni poper
- 1 šop mlade špinače, sesekljane
- 1 izkoščičen avokado, olupljen in narezan
- 1 sesekljan strok česna
- 2 c kuhan farro
- ½ c češnjevih paradižnikov, narezanih na kocke

navodila:

Prilagodite toploto na srednjo. V ponev damo olje in segrejemo. Dodajte ostale sestavine in mešanico kuhajte približno 5 minut. Položite v servirni krožnik in uživajte.

Hranilna vrednost (za 100 g): 157 kalorij 13,7 g maščobe 5,5 g ogljikovih hidratov 6 g beljakovin 615 mg natrija

Brusnice in kvadratki datljev

Čas priprave: 10 minut
Čas kuhanja: 20 minut
Porcije: 10
Težavnost: enostavno

Sestavine:

- 12 izkoščičenih datljev, sesekljanih
- 1 čajna žlička izvleček vanilije
- ¼ c medu
- ½ c ovsene kaše
- ¾ c posušenih brusnic
- ¼ c stopljenega mandljevega avokadovega olja
- 1 c sesekljanih orehov, opečenih
- ¼ c bučnih semen

navodila:

S skledo zmešajte vse sestavine.

Pekač obložimo s peki papirjem. Pritisnite mešanico na nastavitev. Postavite v zamrzovalnik za približno 30 minut. Razrežite na 10 kvadratov in uživajte.

Hranilna vrednost (za 100 g): 263 kalorij 13,4 g maščobe 14,3 g ogljikovih hidratov 7 g beljakovin 845 mg natrija

Fritata iz leče in čedarja

Čas priprave: 5 minut
Čas kuhanja: 17 minut
Porcije: 4
Težavnost: enostavno

Sestavine:

- 1 sesekljana rdeča čebula
- 2 žlici. olivno olje
- 1 c kuhanega sladkega krompirja, sesekljanega
- ¾ c sesekljane šunke
- 4 stepena jajca
- ¾ c kuhane leče
- 2 žlici. grški jogurt
- Sol in črni poper
- ½ c razpolovljenih češnjevih paradižnikov,
- ¾ c naribanega čedar sira

navodila:

Prilagodite temperaturo na srednjo in postavite ponev na mesto. Dodajte olje, da se segreje. Primešajte čebulo in pustite, da se duši približno 2 minuti. Razen sira in jajc dodamo ostale sestavine in kuhamo še 3 minute. Dodamo jajca, potresemo s sirom. Pokrito kuhamo še 10 minut.

Fritato narežemo na rezine, preložimo v servirne sklede in uživamo.

Hranilna vrednost (za 100 g): 274 kalorij 17,3 g maščobe 3,5 g ogljikovih hidratov 6 g beljakovin 843 mg natrija

Sendvič s tuno

Čas priprave: 5 minut
Čas kuhanja: 5 minut
Porcije: 2
Težavnost: enostavno

Sestavine:

- 6 oz. ali 170 g tune v konzervi, odcejene in narezane na kosmiče
- 1 avokado brez koščic, olupljen in pretlačen
- 4 rezine polnozrnatega kruha
- Ščepec soli in črnega popra
- 1 žlica zdrobljen feta sir
- 1 c mlada špinača

navodila:

V skledi zmešajte poper, sol, tunino in sir. Na rezine kruha namažemo namaz iz pretlačenega avokada.

Mešanico tune in špinače enakomerno porazdelite po 2 rezinah. Na vrh položite preostali 2 rezini. Postrezite.

Hranilna vrednost (za 100 g): 283 kalorij 11,2 g maščobe 3,4 g ogljikovih hidratov 8 g beljakovin 754 mg natrija

Solata s piro

Čas priprave: 15 minut
Čas kuhanja: 30 minut
Porcije: 4
Zahtevnost: Srednja

Sestavine:

- <u>Solata</u>
- 2½ skodelice zelenjavne juhe
- ¾ skodelice zdrobljenega feta sira
- 1 pločevinka čičerike, odcejene
- 1 kumara, sesekljana
- 1 ½ skodelice biserne pire
- 1 žlica oljčnega olja
- ½ sesekljane čebule
- 2 skodelici mlade špinače, sesekljane
- 1 pol litra češnjevih paradižnikov
- 1 ¼ skodelice vode
- <u>Povoj:</u>
- 2 žlici limoninega soka
- 1 žlica medu
- ¼ skodelice olivnega olja
- ¼ čajne žličke origana
- 1 ščepec kosmičev rdeče paprike
- ¼ čajne žličke soli

- 1 žlica rdečega vinskega kisa

navodila:

V ponvi segrejemo olje. Dodamo piro in kuhamo eno minuto. Med kuhanjem ga redno mešajte. Prilijemo vodo in osnovo, nato zavremo. Znižajte ogenj in pustite vreti, dokler se pira ne zmehča, približno 30 minut. Vodo odlijemo in piro stresemo v skledo.

Dodamo špinačo in premešamo. Pustite, da se ohladi približno 20 minut. Dodamo kumaro, čebulo, paradižnik, papriko, čičeriko in feta sir. Dobro premešamo, da dobimo dobro zmes. Stopite nazaj in pripravite preliv.

Vse sestavine za preliv zmešamo in dobro premešamo do gladkega. Vlijemo v skledo in dobro premešamo. Po okusu dobro začinimo.

Hranilna vrednost (za 100 g): 365 kalorij 10 g maščobe 43 g ogljikovih hidratov 13 g beljakovin 845 mg natrija

Solata iz čičerike in bučk

Čas priprave: 10 minut
Čas kuhanja: 0 minut
Porcije: 3
Težavnost: enostavno

Sestavine:

- ¼ skodelice balzamičnega kisa
- 1/3 skodelice sesekljanih listov bazilike
- 1 žlica kaper, odcejenih in sesekljanih
- ½ skodelice zdrobljenega feta sira
- 1 pločevinka čičerike, odcejene
- 1 strok česna, sesekljan
- ½ skodelice oliv Kalamata, narezanih
- 1/3 skodelice olivnega olja
- ½ skodelice sladke čebule, sesekljane
- ½ žličke origana
- 1 ščepec zdrobljene rdeče paprike
- ¾ skodelice rdeče paprike, sesekljane
- 1 žlica sesekljanega rožmarina
- 2 skodelici narezanih bučk
- sol in poper po okusu

navodila:

Zelenjavo damo v skledo in dobro pokrijemo.

Postrezite pri sobni temperaturi. Za najboljše rezultate pa jed pred serviranjem hladite nekaj ur, da se okusi premešajo.

Hranilna vrednost (za 100 g): 258 kalorij 12 g maščobe 19 g ogljikovih hidratov 5,6 g beljakovin 686 mg natrija

Provansalska solata iz artičok

Čas priprave: 15 minut
Čas kuhanja: 5 minut
Porcije: 3
Težavnost: enostavno

Sestavine:

- 9 oz srčkov artičoke
- 1 čajna žlička sesekljane bazilike
- 2 stroka česna, nasekljana
- 1 limonina lupina
- 1 žlica oliv, sesekljanih
- 1 žlica oljčnega olja
- ½ sesekljane čebule
- 1 ščepec, ½ čajne žličke soli
- 2 paradižnika, sesekljana
- 3 žlice vode
- ½ kozarca belega vina
- sol in poper po okusu

navodila:

V ponvi segrejemo olje. Popražimo čebulo in česen. Kuhajte, dokler čebula ne postekleni, in jo začinite s ščepcem soli. Zalijemo z belim vinom in pustimo vreti, da se vino zmanjša za polovico.

Dodamo narezan paradižnik, srčke artičok in vodo. Pustimo, da zavre in nato dodamo limonino lupinico in cca. ½ žličke soli. Pokrijte in kuhajte približno 6 minut.

Dodajte olive in baziliko. Dobro začinite in uživajte!

Hranilna vrednost (za 100 g): 147 kalorij 13 g maščobe 18 g ogljikovih hidratov 4 g beljakovin 689 mg natrija

bolgarska solata

Čas priprave: 10 minut

Čas kuhanja: 20 minut

Porcije: 2

Zahtevnost: Srednja

Sestavine:

- 2 skodelici bulgurja
- 1 žlica masla
- 1 kumara, narezana na koščke
- ¼ skodelice kopra
- ¼ skodelice črnih oliv, prerezanih na pol
- 1 žlica, 2 žlički olivnega olja
- 4 skodelice vode
- 2 žlički rdečega vinskega kisa
- sol, po okusu

navodila:

V ponvi na mešanici masla in olivnega olja popečemo bulgur. Pustite kuhati, dokler bulgur ne postane zlato rjav in začne pokati.

Prilijemo vodo in začinimo s soljo. Vse skupaj zavijemo in dušimo približno 20 minut oziroma dokler se bulgur ne zmehča.

V skledi zmešamo koščke kumare z oljčnim oljem, koprom, rdečim vinskim kisom in črnimi olivami. Vse skupaj dobro premešamo.

Združuje kumare in bulgur.

Hranilna vrednost (za 100 g): 386 kalorij 14 g maščobe 55 g ogljikovih hidratov 9 g beljakovin 545 mg natrija

Falafel solatna skleda

Čas priprave: 15 minut

Čas kuhanja: 5 minut

Porcije: 2

Težavnost: enostavno

Sestavine:

- 1 žlica čili česnove omake
- 1 žlica česna in koprove omake
- 1 paket vegetarijanskih falaflov
- 1 škatla humusa
- 2 žlici limoninega soka
- 1 žlica izkoščičenih oliv Kalamata
- 1 žlica ekstra deviškega oljčnega olja
- ¼ skodelice čebule, narezane na kocke
- 2 skodelici sesekljanega peteršilja
- 2 skodelici hrustljave pite
- 1 ščepec soli
- 1 žlica tahini omake
- ½ skodelice narezanega paradižnika

navodila:

Pripravljene falafle skuhamo. Odloži ga. Pripravite solato. Zmešajte peteršilj, čebulo, paradižnik, limonin sok, olivno olje in sol. Vse vrzite ven in vse postavite na stran. Vse skupaj prestavimo v servirne sklede. Dodajte peteršilj in pokrijte s humusom in falaflom. Posodo potresemo s tahinijevo omako, čilijevo česnovo omako in koprovo omako. Ob serviranju dodamo solato limone in solato dobro premešamo. Postrezite s pita kruhom ob strani.

Hranilna vrednost (za 100 g): 561 kalorij 11 g maščobe 60,1 g ogljikovih hidratov 18,5 g beljakovin 944 mg natrija

Enostavna grška solata

Čas priprave: 15 minut
Čas kuhanja: 0 minut
Porcije: 2
Težavnost: enostavno

Sestavine:

- 4 oz grškega feta sira, narezanega na kocke
- 5 kumar, prerezanih po dolžini
- 1 čajna žlička medu
- 1 limona, prežvečena in naribana
- 1 skodelica oliv kalamata, izkoščičenih in razpolovljenih
- ¼ skodelice ekstra deviškega oljčnega olja
- 1 čebula, narezana
- 1 čajna žlička origana
- 1 ščepec svežega origana (za okras)
- 12 paradižnikov na četrtine
- ¼ skodelice rdečega vinskega kisa
- sol in poper po okusu

navodila:

V skledi za 15 minut v slani vodi namočimo čebulo. V veliki skledi zmešajte med, limonin sok, limonino lupinico, origano, sol in poper. Vse skupaj premešamo. Med mešanjem postopoma dodajajte olivno olje, dokler se olje ne emulgira. Dodamo olive in paradižnik. Pravilno postavi. Dodajte kumare

V slani vodi namočeno čebulo odcedimo in dodamo solatni mešanici. Solato prelijemo s svežim origanom in feto. Pokapljamo z oljčnim oljem in začinimo s poprom.

Hranilna vrednost (za 100 g):292 kalorij 17 g maščobe 12 g ogljikovih hidratov 6 g beljakovin 743 mg natrija

Solata rukola s figami in orehi

Čas priprave: 15 minut

Čas kuhanja: 10 minut

Porcije: 2

Težavnost: enostavno

Sestavine:

- 5 oz rukole
- 1 korenček, nariban
- 1/8 čajne žličke kajenskega popra
- 3 oz kozjega sira, zdrobljenega
- 1 pločevinka nesoljene čičerike, odcejene
- ½ skodelice suhih fig, narezanih na kocke
- 1 čajna žlička medu
- 3 žlice oljčnega olja
- 2 žlički balzamičnega kisa
- ½ orehov, prerezanih na pol
- sol, po okusu

navodila:

Pečico segrejemo na 175 stopinj. Zmešajte orehe, 1 žlico oljčnega olja, kajenski poper in 1/8 čajne žličke soli v posodo, odporno na pečico. Pekač prestavimo v pečico in pečemo toliko časa, da oreščki zlato porjavijo. Ko končate, ga odstavite.

V skledo dodamo med, balzamični kis, 2 žlici olja in ¾ žličke soli.

V veliki skledi zmešajte rukolo, korenček in fige. Dodajte oreščke in kozji sir ter pokapajte z balzamičnim medenim vinaigretom. Prepričajte se, da pokrijete vse.

Hranilna vrednost (za 100 g): 403 kalorij 9 g maščobe 35 g ogljikovih hidratov 13 g beljakovin 844 mg natrija

Cvetačna solata s tahinijevim vinaigrette

Čas priprave: 15 minut
Čas kuhanja: 5 minut
Porcije: 2
Zahtevnost: Srednja

Sestavine:

- 1 ½ lbs. cvetača
- ¼ skodelice posušenih češenj
- 3 žlice limoninega soka
- 1 žlica sveže mete, sesekljane
- 1 žlička olivnega olja
- ½ skodelice sesekljanega peteršilja
- 3 žlice praženih nasoljenih pistacij, sesekljanih
- ½ žličke soli
- ¼ skodelice šalotke, sesekljane
- 2 žlici tahinija

navodila:

Naribajte cvetačo v posodo, primerno za mikrovalovno pečico. Dodajte olivno olje in ¼ soli. Pazite, da cvetačo enakomerno pokrijete in začinite. Skledo zavijte v plastično folijo in segrevajte v mikrovalovni pečici približno 3 minute.

Riž s cvetačo položimo na pekač in pustimo, da se ohladi približno 10 minut. Dodamo limonin sok in šalotko. Pustimo počivati, da se cvetača navzame okusa.

Dodamo mešanico tahinija, češenj, peteršilja, mete in soli. Vse skupaj dobro premešamo. Pred serviranjem potresemo s popečenimi pistacijami.

Hranilna vrednost (za 100 g): 165 kalorij 10 g maščobe 20 g ogljikovih hidratov 6 g beljakovin 651 mg natrija

Mediteranska krompirjeva solata

Čas priprave: 15 minut

Čas kuhanja: 10 minut

Porcije: 2

Težavnost: enostavno

Sestavine:

- 1 šopek natrganih listov bazilike
- 1 strok česna, strt
- 1 žlica oljčnega olja
- 1 čebula, narezana
- 1 čajna žlička origana
- 100 g pražene rdeče paprike. Rezine
- 300 g krompirja, prerezanega na pol
- 1 pločevinka češnjevih paradižnikov
- sol in poper po okusu

navodila:

V ponvi prepražimo čebulo. Dodamo origano in česen. Vse kuha minuto. Dodamo poper in paradižnik. Dobro začinimo in pustimo vreti približno 10 minut. Odloži ga.

Krompir skuhamo v slanem kropu v loncu. Kuhajte, dokler se ne zmehča, približno 15 minut. Dobro odcedite. Krompir zmešamo z omako ter dodamo baziliko in olive. Nazadnje vse vržemo ven pred serviranjem.

Hranilna vrednost (za 100 g): 111 kalorij 9 g maščobe 16 g ogljikovih hidratov 3 g beljakovin 745 mg natrija

Solata iz kvinoje in pistacije

Čas priprave: 10 minut

Čas kuhanja: 15 minut

Porcije: 2

Težavnost: enostavno

Sestavine:

- ¼ čajne žličke kumine
- ½ skodelice posušenega ribeza
- 1 žlička naribane limonine lupinice
- 2 žlici limoninega soka
- ½ skodelice zelene čebule, sesekljane
- 1 žlica sesekljane mete
- 2 žlici ekstra deviškega oljčnega olja
- ¼ skodelice sesekljanega peteršilja
- ¼ žličke mletega popra
- 1/3 skodelice pistacij, sesekljanih
- 1 ¼ skodelice nekuhane kvinoje
- 1 2/3 skodelice vode

navodila:

V ponvi zmešajte 1 2/3 skodelice vode, rozine in kvinojo. Vse skupaj zavremo, nato zmanjšamo ogenj. Vse skupaj pustimo vreti približno 10 minut in pustimo, da se kvinoja speni. Odstavite za približno 5 minut. Mešanico kvinoje prenesite v posodo. Dodamo orehe, meto, čebulo in peteršilj. Vse skupaj premešamo. V ločeni posodi dodamo limonino lupinico, limonin sok, ribez, kumino in olje. Združite jih. Zmešajte suhe in mokre sestavine.

Hranilna vrednost (za 100 g): 248 kalorij 8 g maščobe 35 g ogljikovih hidratov 7 g beljakovin 914 mg natrija

Kumarična piščančja solata s pikantnim arašidovim prelivom

Čas priprave: 15 minut
Čas kuhanja: 0 minut
Porcije: 2
Zahtevnost: Srednja

Sestavine:

- 1/2 skodelice arašidovega masla
- 1 žlica sambal oelek (čilijeve paste)
- 1 žlica sojine omake z nizko vsebnostjo natrija
- 1 žlička sezamovega olja na žaru
- 4 žlice vode ali več, če je potrebno
- 1 kumaro, olupljeno in narezano na tanke trakove
- 1 kuhan piščančji file, narezan na tanke trakove
- 2 žlici sesekljanih arašidov

navodila:

V skledo dajte arašidovo maslo, sojino omako, sezamovo olje, sambal oelek in vodo. Rezine kumar položimo na krožnik. Okrasite z naribanim piščancem in poškropite z omako. Potresemo sesekljane arašide.

Hranilna vrednost (za 100 g): 720 kalorij 54 g maščobe 8,9 g ogljikovih hidratov 45,9 g beljakovin 733 mg natrija

Nemška vroča krompirjeva solata

Čas priprave: 10 minut
Čas kuhanja: 30 minut
Porcije: 12
Zahtevnost: Srednja

Sestavine:

- 9 olupljenih krompirjev
- 6 rezin slanine
- 1/8 čajne žličke mletega črnega popra
- 1/2 čajne žličke semen zelene
- 2 žlici belega sladkorja
- 2 čajni žlički soli
- 3/4 skodelice vode
- 1/3 skodelice destiliranega belega kisa
- 2 žlici večnamenske moke
- 3/4 skodelice sesekljane čebule

navodila:

V večjem loncu zavremo slano vodo. Dodajte krompir in kuhajte, dokler ni mehak, a še vedno čvrst, približno 30 minut. Odcedimo, ohladimo in drobno narežemo. Slanino pokuhamo v ponvi na zmernem ognju. Odcedimo, zdrobimo in odstavimo. Sokove od kuhanja prihranite. Na slanini maščobi prepražimo čebulo do zlato rjave barve.

V majhni skledi zmešajte moko, sladkor, sol, semena zelene in poper. Dodamo prepraženo čebulo in med mešanjem pražimo, dokler ne zapene in odstavimo z ognja. Vmešajte vodo in kis, nato vrnite na ogenj in med nenehnim mešanjem zavrite. Kuhamo in mešamo. Mešanici kisa in vode počasi dodajajte slanino in rezine krompirja ter nežno mešajte, dokler se krompir ne segreje.

Hranilna vrednost (za 100 g): 205 kalorij 6,5 g maščobe 32,9 g ogljikovih hidratov 4,3 g beljakovin 814 mg natrija

www.ingramcontent.com/pod-product-compliance
Lightning Source LLC
Chambersburg PA
CBHW050300120526
44590CB00016B/2424